César Chávez

Proteger a los trabajadores agrícolas

Stephanie E. Macceca

Asesor

Glenn Manns, M.A.

Coordinador del programa de enseñanza de Historia de los Estados Unidos en la Cooperativa Educativa de Ohio Valley

Créditos

Dona Herweck Rice, *Gerente de redacción*; Lee Aucoin, *Directora creativa*; Conni Medina, M.A.Ed., *Directora editorial*; Katie Das, *Editora asociada*; Neri Garcia, *Diseñador principal*; Stephanie Reid, *Investigadora fotográfica*; Rachelle Cracchiolo, M.S.Ed., *Editora comercial*

Créditos fotográficos

Teacher Created Materials

5301 Oceanus Drive
Huntington Beach, CA 92649-1030
http://www.tcmpub.com

ISBN 978-1-4333-2571-7

Tabla de contenido

Niñez

César Chávez nació en Yuma, Arizona. Él nació el 31 de marzo de 1927. Había seis niños en su familia.

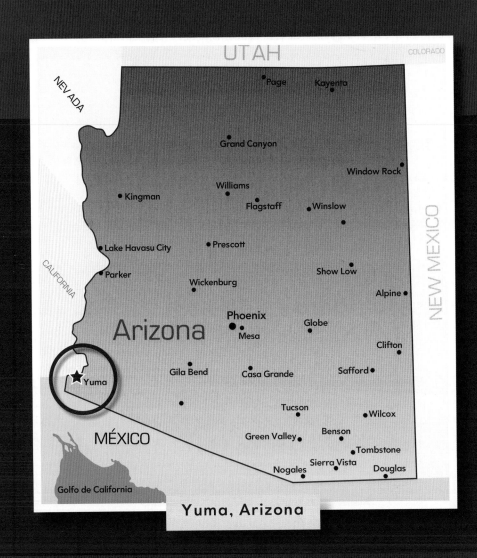

Yuma, Arizona

César de niño

Durante su niñez, César vivía en una granja. Ayudaba a su familia con las tareas de la granja. Alimentaba a los animales y recogía huevos. Aprendió que es importante trabajar duro.

Un niño recogiendo tomates

La granja de la familia Chávez medía 100 acres. ¡Eso es aproximadamente el tamaño de 100 campos de fútbol!

La granja de la familia Chávez

La familia Chávez contrató a ayudantes para recoger las cosechas en su granja. Estos ayudantes se mudaban de granja en granja. Se llaman **trabajadores migrantes**.

Los trabajadores migrantes recogen la cosecha.

Recoger la cosecha es un trabajo duro para la espalda.

Cuando César tenía 10 años, no llovió por casi un año. Los cultivos no crecieron. La familia Chávez no tenía nada para vender.

Durante una **sequía**, ¡la tierra puede estar tan seca que se agrieta!

Sin agua, los cultivos pueden morir.

Nadie podía ayudar a la familia Chávez. Eran tiempos difíciles para todos. Muchas personas perdieron sus trabajos. La gente no podía comprar comida. Esta época es conocida como la **Gran Depresión**.

Los trabajadores migrantes se mudaban con frecuencia. Esta familia vivía en una tienda de campaña.

Estos hombres hacen fila para recibir gratis un plato de sopa.

Trabajo agrícola

La familia Chávez llegó a ser muy pobre. Ellos perdieron su granja y su hogar. Para ganar dinero, se convirtieron en trabajadores migrantes. Se mudaban de granja en granja para recoger la cosecha.

Un aula en los años treinta durante la Gran Depresión

14

Filipinos working in pole peas.

3806 22

from Texas

Pea picker from Texas.

Future voter & his Mexican father

All races serve the crops in California

137429

Trabajadores migrantes en una granja

Recoger la cosecha era un trabajo duro. En los campos, no había agua para beber. No había baños. La familia Chávez trabajaba muy duro. Pero ellos no ganaban mucho dinero.

Esta familia comparte el trabajo en el campo.

A veces, los ocho miembros de la familia Chávez vivían en el automóvil familiar.

La familia Chávez vivía en un automóvil como éste.

Las cosas mejoran

Cuando César creció, quiso ayudar a los trabajadores migrantes. Decía que debían ganar más dinero. Decía que necesitaban agua limpia y baños.

César da un discurso.

Muchas personas escuchaban a César.

César **protestó** por los derechos de los trabajadores. Marchaba y daba discursos. Empezó un grupo para hablar en contra de las reglas injustas de los trabajadores. Hoy le llamamos a este grupo un **sindicato**.

César habla con los reporteros.

Una vez, César no comió durante 36 días. Esto hizo que las personas lo escucharan.

César le dijo a la gente que boicoteara las uvas. Boicotear las uvas significa no comprarlas.

En 1975, César hizo algunos cambios. Los trabajadores migrantes usaban herramientas que les lastimaban la espalda. César eliminó el uso de esas herramientas. Él se aseguró que los trabajadores migrantes tuvieran agua para beber y baños en los campos.

César trabaja con un grupo de líderes para hacer cambios.

Los trabajadores migrantes tenían que usar azadones de mango corto.

Un trabajador migrante recoge la cosecha.

César hizo que los granjeros dejaran de usar venenos dañinos en los campos. Estos venenos se llaman **pesticidas**. Los pesticidas matan los insectos que se comen los cultivos. Pero no eran buenos para los trabajadores.

Un trabajador agrícola rocía pesticidas.

máscara de gas

Los pesticidas pueden hacer que las personas se enfermen. Este trabajador usa una máscara mientras trabaja.

César murió el 23 de abril de 1993. La gente en California celebra su cumpleaños. Recuerdan cómo ayudó a los trabajadores migrantes.

Una estatua de César

En Los Ángeles, California, la gente dedicó una calle a César.

Línea del

1927
César nace en Arizona.

1939
César se convierte en un trabajador migrante.

1962
César funda el Sindicato de Campesinos de los Estados Unidos.

tiempo

1975
César hace cambios para ayudar a los campesinos.

1988
César hace una huelga de hambre durante 36 días para protestar contra los pesticidas.

1993
César muere a los 66 años.

Glosario

boicotear—no comprar productos o no hacer negocios

Gran Depresión—período durante los 1930 en el que muchas personas no encontraban empleo y no tenían mucho dinero

pesticidas—productos químicos que matan a los insectos que se comen los cultivos

protestar—hablar en contra de algo que te parece injusto

sequía—mucho tiempo sin lluvia

sindicato—grupo de personas que trabaja para conseguir trato justo para sus miembros

trabajadores migrantes—personas que se mudan para ir de trabajo en trabajo

Índice

Estadounidenses de hoy

Este hombre es un trabajador migrante. Recoge la cosecha a mano. Gracias al trabajo de César, ¡su trabajo es mucho más fácil!